AF321761

ORGANISATION RÉPUBLICAINE

RAPPORT

PRÉSENTÉ

A

L'UNION DES GAUCHES

DANS SA SÉANCE DU 27 AVRIL 1886

AU NOM DU BUREAU

PAR M. JULES STEEG

DÉPUTÉ

PARIS

A. QUANTIN, IMPRIMEUR DE LA CHAMBRE DES DÉPUTÉS

7, RUE SAINT-BENOIT, 7

1886

ORGANISATION RÉPUBLICAINE

RAPPORT

PRÉSENTÉ

A

L'UNION DES GAUCHES

DANS SA SÉANCE DU 14 AVRIL 1886

AU NOM DU BUREAU

PAR M. JULES STEEG

DÉPUTÉ

PARIS

A. QUANTIN, IMPRIMEUR DE LA CHAMBRE DES DÉPUTÉS

7, RUE SAINT-BENOIT, 7

1886

L'*Union des Gauches* de la Chambre des Députés, réunie dans un des bureaux du palais Bourbon, le 14 avril 1886, a décidé l'impression et l'envoi à tous ses membres du rapport présenté par son président, au nom du Bureau, sur l'organisation du parti républicain dans les départements.

MESSIEURS,

Lorsque vous avez exprimé, dès votre première séance, la pensée qu'il importe d'organiser fortement le parti républicain dans nos départements, afin qu'il ne soit plus exposé à des surprises et à des défaillances comme celles qui nous ont affligés aux élections d'octobre, vous répondiez à un sentiment général dont nous avons eu depuis lors de nombreux échos.

Partout les républicains comprennent la nécessité de faire de la propagande, de préparer à l'avance les élections de tout ordre, de se rapprocher les uns des autres, de se défendre contre les efforts désespérés de la réaction, de gagner des adhérents, de reprendre la campagne prématurément et imprudemment abandonnée.

Déjà dans beaucoup d'endroits des comités se sont ou organisés ou maintenus, et fonctionnent. Ce sont des comités de communes ou de cantons, quelques-uns d'arrondissements; très peu étendent leur action sur un département tout entier.

Beaucoup sont disposés à suivre ce mouvement; mais ils attendent une impulsion, un encouragement, des indications, des conseils. Beaucoup nous écrivent : « Prenez l'initiative; dites-nous ce qu'il faut faire, comment il faut nous y prendre, par quoi il faut commencer, quels statuts nous devons adopter et quels moyens nous devons employer pour aboutir. »

Ne pensez-vous pas qu'avant de partir pour les vacances de Pâques, il est utile, nécessaire, de prendre une décision, de rechercher au moins, d'examiner quelques moyens pratiques dont nous puissions recommander l'adoption dans nos départements ? Il importe que nous ne laissions pas arriver sur nous les élections des Conseils généraux avant d'avoir reconstitué partout les forces vives de notre parti, et il importe plus encore de les constituer de telle sorte qu'elles demeurent comme un organisme vigoureux et indestructible.

Du reste, rien n'est plus simple qu'une bonne organisation de parti ; il suffit de quelques règles bien connues, déjà pratiquées, de beaucoup de bonne volonté, et surtout de persévérance.

Déjà nous avons reçu un grand nombre de règlements de comités qui existent ou qui se forment. Il nous en est venu entre autres de l'Ardèche, de la Gironde, de la Haute-Garonne, de la Loire, du Lot-et-Garonne, de la Meuse, de la Somme, du Tarn, des Vosges, etc. Ils ne diffèrent que par des points de détail.

Tous sont d'accord sur le but : développer l'éducation civique, propager l'idée républicaine, grouper et discipliner le parti, grossir ses rangs, préparer les élections, non par un effort brusque et momentané, mais par un lent, patient et énergique travail de tous les jours.

Tous sont d'accord sur les moyens : réunions périodiques des adhérents, formation de comités élus, organisation de conférences, de réunions publiques et privées, abonnements à des journaux, distribution de brochures, publication de circulaires, subsides aux feuilles locales. Quelques-uns proposent même la création d'un bulletin spécial pour les adhérents.

Tous sont d'accord sur la nécessité de cotisations régulières, modiques, pour être en rapport avec toutes les bourses et offrir à chacun l'occasion si précieuse de contribuer directement, par un apport personnel et réitéré, à l'œuvre commune.

Les uns fixent la cotisation au chiffre minime de dix centimes par mois ; les autres à 2 fr. 50 c. par an ; d'autres établissent le sou par semaine ; d'autres demandent 0,15 par mois ; d'autres 0.25 ; d'autres 0.30 ; d'autres 0.50, sans jamais exclure le payement par anticipation. La plupart réclament aussi des souscriptions volontaires en dehors de la cotisation, soit des souscriptions annuelles, soit un versement important une fois pour toutes. Plusieurs prévoient des ressources par le produit d'entrées aux conférences, ou même par des dons et legs.

Le nom de ces associations ne varie guère ; il est imposé par la nature de choses : Alliance ou Ligue républicaine, Alliance des républicains, Société de propagande républicaine, etc. Quelques-unes ont adopté le titre de Société du Centenaire de 1789.

Quant à l'organisation elle-même, elle repose presque partout sur le canton, plutôt que sur la commune dont la base a semblé la plupart du temps trop étroite. C'est au chef-lieu du canton que les adhérents se réunissent ; c'est là qu'ils nomment le comité ou bureau central ; c'est là que se recueillent les cotisations.

Le comité cantonal nomme des délégués, soit un, soit deux, soit trois, soit autant qu'il y a de communes dans le canton, pour constituer soit un comité d'arrondissement, si la Société ne cherche pas à dépasser les limites de l'arrondissement, soit un comité départemental, ce qui semble plus sage et plus efficace, puisque, d'une part, nous avons aujourd'hui le scrutin de liste, et que, d'autre part, on arrive ainsi à créer un instrument plus puissant pour la propagande.

La plupart des Sociétés fondées ou en fondation, tout en assignant à leur existence une durée illimitée, prévoient le cas de dissolution. Les unes veulent que les trois quarts des adhérents la réclament ; pour d'autres, la demande de cent membres est suffisante ; d'autres l'accordent à la majorité absolue du comité central. En cas de dissolution d'un comité cantonal, tel règlement veut que les fonds restés sans emploi

soient reversés au Comité central, et qu'à l'inverse, en cas de
dissolution de ce comité, les fonds généraux soient répartis
entre les comités cantonaux au prorata des versements de
leurs sociétaires. Tel autre règlement décide que les fonds
restés en caisse seront remis à une commission de trois membres, qui les distribuera aux élèves les plus méritants des
écoles laïques sous forme de livrets de Caisse d'épargne. Un
autre établit que les fonds restants seront donnés à une œuvre de bienfaisance ou d'instruction laïque désignée par le
dernier bureau du comité.

Les sociétés qui ont pris nom de Sociétés du Centenaire
de la Révolution assignent à leur existence, conformément au
but spécial qu'elles poursuivent, une durée de quatre ans,
renouvelable par décision de la majorité du Comité central.

Dans un département, les républicains ont constitué, dans
les termes les plus simples, une sorte de société financière,
dont la durée (renouvelable) est fixée à cinq années ; elle a pour
but : l'organisation de conférences, la publication et la vente
d'un bulletin périodique reproduisant le compte rendu des
conférences et pouvant publier d'autres travaux littéraires,
politiques ou économiques, notamment en vue du Centenaire
de 1789. La société ne sera point dissoute par la mort de
l'un des associés, mais continuera de plein droit entre les
associés survivants. Elle est administrée par un conseil central et des conseils locaux, suivant les besoins de ses opérations ; ces conseils sont nommés pour un an et rééligibles.
Les nouveaux associés ne sont admis qu'avec le consentement
des associés représentés valablement par le Conseil d'administration ; le fonds social est constitué par le versement, par
chaque associé, d'une cotisation de 30 centimes par mois.

De ces diverses dispositions, les républicains des départements qui n'ont pas encore procédé à une organisation régu-
lière de la propagande pourraient tirer les éléments d'un rè-

glement approprié aux habitudes et aux besoins de leur pays. Les détails peuvent varier selon les lieux, mais les traits que je viens d'indiquer contiennent l'essentiel d'une bonne organisation.

On peut améliorer, perfectioner, multiplier les articles des statuts ; mais quelque parfaits qu'on les imagine, ils ne vaudront que par l'usage qui en sera fait. Aux mains d'hommes actifs, dévoués, dans le cœur desquels brûle le feu sacré, une organisation même rudimentaire peut produire des merveilles. Le règlement le plus circonstancié, le plus prévoyant, le plus habile, deviendra lettre morte, s'il a le malheur de tomber sur des hommes sans initiative, sans persévérance, sans audace. Il est clair qu'il faut payer de sa personne, ne pas craindre ses pas et sa peine, agir, parler, persuader, faire œuvre, en un mot, de citoyen passionné pour le bien public.

A ces conditions, tout règlement sera bon, toute organisation sera efficace.

Les républicains, groupés, se sentiront plus forts, résisteront mieux, dans les petits endroits, aux influences réactionnaires, seront mieux en état de renseigner leurs élus sur la situation politique de la commune ou du canton, et se trouveront prêts et armés pour les jours de bataille électorale.

En face de la formidable organisation cléricale, qui se compose des prétendus cercles d'ouvriers, des confréries et rosaires de tout nom, des associations de toute nature — y compris Notre-Dame de l'Usine —, reliées, d'un bout de la France à l'autre, par le réseau à mailles serrées de la hiérarchie officielle, c'est bien le moins que les républicains aient çà et là des points de réunion et de résistance, qu'ils sortent de leur indifférence et de leur dispersion, qu'ils concentrent et organisent leurs efforts.

De différents côtés on nous écrit pour nous demander de prendre l'initiative de ce mouvement, de constituer nous-mê-

mes un Comité de direction, d'organisation tout au moins.
C'est trop nous demander. Il n'entre pas dans notre esprit
d'imposer nos idées et nos vues à nos coreligionnaires des
départements, et de jouer, auprès d'eux, le rôle de comité
directeur. Mais ce que nous pouvons et devons faire, c'est
donner l'impulsion, c'est créer un centre d'informations et de
renseignements. il faut qu'on sache en France que nous
sommes prêts à aider nos amis, à donner des conseils ou plutôt des indications à ceux qui en auraient besoin, à stimuler
les retardataires, à grouper les isolés, et même, si on le veut,
à recueillir et à centraliser des ressources pour que les départements riches puissent tendre une main secourable aux départements pauvres à l'heure des grandes luttes.

Tous nous sommes frappés, en effet, du danger qu'offre,
à ce point de vue, la pratique du scrutin de liste. Si l'on n'y
prenait garde, si les électeurs n'y avisaient par une sage et
active prévoyance, le mandat électif ne deviendrait accessible
qu'aux grandes fortunes, seules capables d'affronter les dépenses
d'un scrutin départemental. Il faut que les républicains constituent eux-mêmes à l'avance, au moyen de l'obole démocratique, ce trésor de guerre, et qu'ils facilitent le combat su-
prême du scrutin par le combat de tous les jours sur le ter-
rain de la propagande.

Tel doit être le double objet de l'organisation républicaine.

Quant au résultat final, qui ne voit qu'il est digne de notre
envie ? Ce sera d'avoir constitué partout des foyers d'activité
et de lumière, d'avoir formé des générations nouvelles à
l'exercice des vertus civiques, et d'avoir ainsi élevé, sur tous
les points du territoire, le plus sûr, le seul indestructible rem-
part de la République : des citoyens actifs, fiers et libres.

ANNEXES

ANNEXES

Voici, à titre de renseignement, et pris parmi le grand nombre des règlements qui nous ont été adressés, quelques-uns des statuts actuellement en projet ou en usage. Nous nous bornons à supprimer les noms. On pourra y puiser telles mesures qu'on voudra.

I

SOCIÉTÉ DE PROPAGANDE RÉPUBLICAINE

DU CANTON DE A.

Article premier.

Il est créé à A... une Société de Propagande républicaine.

Art. 2.

Cette Société a un double but : 1° l'union de tous les républicains; 2° la propagation de l'idée républicaine.

Art. 3.

La propagande républicaine se fera par des journaux, des brochures, des imprimés, des conférences.

Art. 4.

Les membres de la Société se recruteront parmi les républicains du canton de A.

Ceux qui feront acte d'adhésion aux statuts de la Société dès sa constitution seront déclarés membres fondateurs. Pour être définitive, leur admission devra être sanctionnée au scrutin secret par la majorité absolue des membres inscrits.

Les adhérents qui, par leur âge, ne seront pas électeurs, n'auront que voix consultative.

Ceux qui adhèreront après la constitution de la Société devront être présentés par trois membres, et leur admission n'aura lieu qu'après un vote de la Société réunie en Assemblée générale, et dans les mêmes conditions que les membres fondateurs.

Art. 5.

Les membres de la Société verseront une cotisation facultative dont le minimum est de dix centimes par mois.

Art. 6.

Cette cotisation sera perçue tous les mois, le premier dimanche de chaque mois, au siège de la Société. Les versements pourront être anticipés.

Art. 7.

Le membre qui n'aura pas payé sa cotisation pendant six mois consécutifs, et après en avoir été prévenu par écrit, sera rayé d'office.

Art. 8.

Le produit des cotisations servira aux frais généraux de la Société, tels que location d'une salle, éclairage, chauffage, frais de correspondance ; il servira à l'achat de journaux, de brochures et aux divers moyens jugés utiles pour la propagation de l'idée républicaine.

Il pourra enfin être affecté aux frais des diverses élections qui auront lieu, après un vote de la Société réunie en Assemblée générale à cet effet.

·Art. 9.

La Société pourra être transformée en Société de département.

Art. 10.

La Société étendra son action dans les cantons voisins.

A cet effet, elle provoquera dans ces divers cantons la formation de Sociétés semblables et, en tout cas, la nomination de délégués qui recevront le titre de membres correspondants et pourront assister aux séances avec voix consultative.

Art. 11.

La Société sera régie par une commission composée de vingt et un membres, savoir : d'un Président, de deux Vice-Présidents, de deux Secrétaires, d'un Trésorier et de quinze Assesseurs.

Art. 12.

Les membres du bureau seront nommés en Assemblée générale pour un an, au scrutin secret avec la majorité absolue au premier tour.

Les Président, Secrétaires et Trésorier ne pourront rester en fonction plus d'un an sans interruption.

Art. 13.

La Société se réunira tous les mois ; la réunion aura lieu le premier jeudi de chaque mois.

Art. 14.

Le Bureau se réunira chaque fois qu'il le jugera nécessaire. Il étudiera et préparera tous les moyens propres à organiser et à étendre la propagande républicaine, moyens qu'il soumettra à la Société et qui ne deviendront définitifs qu'après l'approbation de celle-ci.

Toutefois pleins pouvoirs sont laissés au Bureau dans les cas urgents.

Art. 15.

Le Bureau pourra convoquer la Société en Assemblée générale quand il le jugera nécessaire. Une Assemblée générale pourra être également convoquée sur la demande écrite du dixième des membres inscrits.

Pour que l'Assemblée générale puisse valablement délibérer, la présence du tiers des membres inscrits sera nécessaire.

En cas d'insuffisance de membres à la première convocation, une Assemblée générale sera convoquée pour la semaine suivante ; elle délibérera quel que soit le nombre des membres présents.

Art. 16.

Tout membre qui aura démérité sera exclu de la Société après un vote réunissant la majorité absolue des inscrits.

Art. 17.

A la fin de chaque année aura lieu une Assemblée générale annuelle, dans laquelle le Président présentera un rapport sur la situation morale de la Société, et le Trésorier, le compte rendu de la situation financière.

Art. 18.

L'ordonnancement des recettes et des dépenses appartient au Bureau de la Société.

Art. 19.

La Société peut recevoir des dons de toute nature et des legs.

Art. 20.

La dissolution de la Société ne pourra être prononcée que si elle est demandée par les trois quarts des membres inscrits.

Art. 21.

En cas de dissolution de la Société, les fonds restant en caisse seront versés entre les mains d'une commission de trois membres nommés par la Société, qui sera chargée de distribuer ces fonds aux élèves les plus méritants des écoles laïques, sous forme de livrets de la Caisse d'épargne.

Art. 22.

Les présents statuts seront soumis à l'approbation du ministre de l'intérieur.

II

RÈGLEMENT DU COMITÉ RÉPUBLICAIN

DU CANTON DE B.

1° Le Comité républicain du canton de B... est constitué en vue de travailler à la propagation des idées démocratiques et républicaines. Il devra faire appel au concours de tous les républicains et consacrer ses efforts à réunir en un seul faisceau tous les citoyens dont le dévouement est acquis au triomphe de la Démocratie.

Le Comité cantonal républicain ne doit avoir qu'un seul et unique objectif : établir l'union et la concorde dans la famille républicaine et combattre, par une propagande permanente, tous les ennemis de la République et de la Démocratie.

2° Tous les républicains du canton de B..., adhérents à l'œuvre du Comité et présentés par un de ses membres, constitueront « le Comité républicain du canton de B... ».

3° A la première réunion, à laquelle seront convoqués tous les délégués communaux et cantonaux qui ont fonctionné à l'occasion des élections des 4 et 18 octobre, le Comité se constituera et procédera à son organisation dans les formes indiquées aux articles suivants.

4° Le Bureau du Comité comprendra : un président, quatre vice-présidents, vingt assesseurs, un secrétaire général, un secrétaire adjoint, un trésorier général, douze trésoriers adjoints à répartir dans les divers quartiers de la commune de B..., et un trésorier adjoint dans chacune des neuf communes rurales du canton.

5° Chaque commune rurale du canton devra être représentée

dans le bureau par un membre au moins en dehors du trésorier adjoint.

6° Le Bureau sera renouvelé chaque année; les membres sortants pourront être réélus.

7° Les réunions du Bureau auront lieu, chaque mois, au siège du Comité. Dans ces réunions, le Bureau s'occupera de tout ce qui touche aux intérêts moraux et matériels de l'œuvre du Comité ; il aura la mission d'organiser, dans les meilleures conditions, la propagande républicaine, tant par les conférences que par la distribution de journaux et de brochures dans les milieux réfractaires aux institutions républicaines.

8° Le Comité cantonal se réunira en assemblée générale deux fois par an, le second dimanche de juillet et le second dimanche de janvier. Le Bureau sera tenu, à chacune de ces réunions, de rendre compte de la situation du Comité et de faire connaître tout ce qu'il aura fait pour contribuer efficacement au développement de l'influence des idées républicaines et démocratiques. Le Comité prendra toutes les décisions jugées conformes aux intérêts de la cause qu'il défend. Le Bureau devra s'inspirer des vues du Comité et assurer l'exécution de ses décisions.

9° En dehors des deux réunions réglementaires prévues au précédent article, le Bureau pourra, s'il y a lieu, convoquer le Comité en réunion extraordinaire.

10° Le Comité et le Bureau transcriront sur un registre spécial les procès-verbaux de toutes leurs séances.

11° Tous les membres adhérents au Comité républicain cantonal de B... seront dans l'obligation de verser une cotisation mensuelle de 0 fr. 25 ; ils auront la faculté de se libérer par anticipation du montant annuel de cette cotisation en effectuant un seul versement de trois francs.

12° Les trésoriers adjoints auront pour mission expresse d'assurer mensuellement, dans leur quartier ou commune respectifs, le recouvrement des cotisations, et d'en opérer, également chaque mois, le versement entre les mains du trésorier général qui devra leur en délivrer quittance. Chaque adhérent recevra une carte personnelle et annuelle signée du président et du trésorier.

13° Tous les fonds ainsi recueillis, ainsi que ceux qui proviendraient de dons ou souscriptions, seront exclusivement employés aux besoins de la propagande républicaine.

14° Lorsque le fonds-capital du Comité aura atteint la somme de six cents francs, une réserve sera créée pour faire face aux frais, toujours importants, des élections législatives et départementales.

15° Les ressources du Comité seront employées, dans la mesure fixée préalablement en assemblée générale, à la défense des candidats désignés régulièrement par le Congrès élu conformément aux statuts de la « Ligue républicaine ».

16° Un exemplaire du présent règlement sera remis à chaque membre du Comité républicain du canton de B....

Contraste insuffisant

NF Z 43-120-14

DE L'ALLIANCE RÉPUBLICAINE

DE L'ARRONDISSEMENT DE C.

PROGRAMME

L'Alliance Républicaine de l'arrondissement de C... reconnaît comme Gouvernement' définitif de la France, la République ayant pour base le Suffrage universel.

Les adhérents se soumettent à la discipline républicaine et s'engagent à respecter les décisions de la majorité.

STATUTS

CHAPITRE Ier

DÉFINITION ET BUT

Article premier.

Il est créé dans l'arrondissement de C..., sous le nom d'*Alliance républicaine de l'arrondissement de C...*, une union des électeurs républicains de cet arrondissement.

Art. 2.

Cette institution a pour but:

1° De développer l'éducation civique et d'améliorer progressivement les mœurs politiques du parti républicain :

En facilitant l'exercice régulier du droit de réunion ;

En maintenant strictement des habitudes d'ordre, de discipline et de courtoisie dans les réunions tenues sous son patronage.

2° D'assurer à la démocratie de l'arrondissement de C... sa part légitime et proportionnelle d'influence dans la préparation des élections de canton, d'arrondissement et du département.

CHAPITRE II

COMPOSITON. ADMISSIONS ET EXCLUSIONS

Art. 3.

Pour être admis à faire partie de l'*Alliance républicaine* de l'arrondissement de C..., il faut :

1° Être inscrit sur les listes électorales de l'arrondissement ;
2° Adhérer au programme de l'*Alliance* ;
3° Payer une cotisation de 15 centimes par mois.

Art. 4.

Nul ne peut être exclu de l'*Alliance républicaine* qu'en vertu d'une délibération du Comité d'arrondissement et seulement pour l'une des causes suivantes :

1° Perte de l'une des qualités requises pour l'admission ;
2° Infraction manifeste au programme ou aux statuts de l'*Alliance*.

En aucun cas et pour quelle cause que ce soit, la liste des adhérents ne pourra être rendue publique.

CHAPITRE III

RESSOURCES

Art. 5.

L'*Alliance républicaine* de l'arrondissement de C... pourvoit à ses dépenses au moyen du produit des cotisations et des dons volontaires.

CHAPITRE IV

ADMINISTRATION ET DIRECTION

Art. 6.

L'administration est subdivisée en Comités de canton et en Comités d'arrondissement.

Art. 7.

Il y aura un Comité de canton [pour chaque canton. Chaque Comité se compose de délégués dont le nombre sera de deux par 500 ou fraction de 500 habitants, de façon qu'à moins d'impossibilité absolue chaque commune soit représentée par au moins deux délégués.

Les délégués seront nommés à la majorité en assemblée générale par tous les adhérents du canton.

Les membres du Comité cantonal seront renouvelables annuellement par tiers.

Les membres sortants sont rééligibles.

Le sort désignera les membres sortants pour les deux premières années.

Les Comités cantonaux nomment chaque année leur bureau composé d'un président, de deux membres dont un trésorier et d'un secrétaire, et désignent les délégués devant faire partie du Comité d'arrondissemènt.

Art. 8.

Le Comité d'arrondissement est composé de vingt et un membres, trois pour chaque canton; les membres sont renouvelables annuellement à raison d'un membre par canton.

Les membres sortants sont rééligibles.

Le sort désignera les membres sortants pour les deux premières années.

Transitoirement les premiers Comités cantonaux et le premier Comité d'arrondissement seront nommés lors de la première réunion des adhérents convoqués en assemblée générale au chef-lieu d'arrondissement.

Art. 9.

Le Comité d'arrondissement nomme chaque année son bureau composé d'un président, de deux vice-présidents, d'un trésorier et d'un secrétaire.

Les décisions sont prises à la majorité des membres présents.

Les exclusions ne pourront être prononcées qu'à la majorité du tiers des membres présents.

En cas de partage, la voix du président est prépondérante.

Art. 10.

Le Comité d'arrondissement fait lui-même un règlement, il fait fonction de comité-directeur pour la préparation des élections et la propagande; il nomme les délégués qui devront représenter le parti républicain de l'arrondissement de C... dans les Comités du département et dans les réunions électorales.

La présence de la moitié au moins des membres du Comité est nécessaire pour la validité de ses délibérations.

Si une première assemblée du Comité d'arrondissement n'était pas en nombre, une seconde assemblée pourra être convoquée; cette seconde assemblée délibérera valablement si un tiers au moins du Comité se trouve réuni.

Le bureau du Comité d'arrondissement sera juge eu égard à l'urgence du délai nécessaire entre deux convocations.

Art. 11.

Il convoquera ses adhérents en réunions partielles ou générales, dont il désigne le bureau et fixe l'ordre du jour.

En temps d'élections, ces convocations sont obligatoires.

Art. 12.

Il peut provoquer des réunions publiques dont il désigne le bureau, fixe le règlement et l'ordre du jour.

CHAPITRE V

ASSEMBLÉE GÉNÉRALE

Art. 13.

Chaque année, l'*Alliance républicaine* de l'arrondissement de C... tient à C... une assemblée générale de tous les adhérents convoqués à cet effet et présidée par le bureau du Comité d'arrondissement.

L'assemblée générale arrête les comptes annuels et entend le compte rendu de la situation morale et économique de l'institution.

CHAPITRE VI

MODIFICATIONS AUX STATUTS. DISSOLUTION. RAPPORTS AVEC LES COMITÉS DES AUTRES ARRONDISSEMENTS

Art. 14.

Les présents statuts pourront être modifiés par l'assemblée générale sur la proposition du Comité d'arrondissement ou sur une demande signée par au moins cinquante adhérents et préalablement soumise au Comité d'arrondissement qui en fera un rapport.

Le vote devra réunir les trois quarts des membres présents.

Il appartiendra au Comité d'arrondissement d'apprécier s'il doit convoquer une assemblée générale spéciale ou s'il doit simplement la soumettre à l'assemblée générale annuelle.

Art. 15.

La dissolution ne pourra être votée que sur la proposition signée par cent adhérents au moins. La délibération aura lieu comme pour la revision.

Art. 16.

En cas de dissolution, les fonds existants seront distribués à une œuvre de bienfaisance ou d'instruction laïque désignée par le dernier bureau du Comité d'arrondissement.

Art. 17.

En prévision des Comités qui pourront s'organiser dans les autres arrondissements, le Comité d'arrondissement de C... aura pour mission de s'entendre avec ces comités afin d'arriver à la constitution d'une Alliance républicaine comprenant plusieurs arrondissements ou tout le département.

IV

LIGUE RÉPUBLICAINE

PROJET DE STATUTS

Article premier.

Il est formé dans le département de D (section de l'arrondissement de D) une association démocratique ayant pour titre *Ligue républicaine.*

Art. 2.

OBJET DE LA LIGUE

Cette association a pour but :

1° De propager les idées et de défendre les institutions républicaines par tous les moyens individuels et collectifs en son pouvoir ;

2° De faire choix de candidats en temps d'élection et de patronner ceux qu'elle aura choisis ;

3° De protéger ses membres contre les menées des réactionnaires, particulièrement à la campagne où les républicains de situation modeste sont trop souvent en butte à une scandaleuse oppression.

Art. 3.

COMPOSITION DE LA LIGUE.

Tout républicain qui adhère aux présents statuts et s'engage à payer une cotisation annuelle de 1 fr. 20 cent. est membre de la Ligue et reçoit une carte nominative qui lui confère ce titre.

L'engagement de payer la cotisation ne cesse que par le décès du titulaire ou par l'envoi de sa démission accompagnée de sa carte au Comité d'arrondissement.

Tous les membres de la Ligue ont droit à sa protection et peuvent, sur la présentation de leur carte, prendre part à toutes les réunions plénières dont il sera ci-après parlé.

Art. 4.

PRINCIPES DE LA LIGUE

La politique poursuivie par la Ligue républicaine est générale et impersonnelle.

Ayant pour mission d'opérer la concentration de tous les républicains, quelle que soit leur nuance, devant l'ennemi commun au jour du scrutin, elle tend à assurer à la majorité d'entre eux, réunie en Assemblée plénière ou Congrès, une entière indépendance dans le choix de ses mandataires et une complète liberté dans l'expression de ses volontés.

En conséquence, la Ligue interdit à ses comités tout acte de nature à faire prévaloir à l'avance tel ou tel programme ou à imposer telle ou telle candidature.

La Ligue républicaine laisse d'ailleurs à chacun de ses adhérents sa liberté individuelle d'agir entre les périodes électorales à sa guise, d'après son tempérament et ses aspirations personnelles, sous la seule condition de s'abstenir de toute attaque contre les autres membres de la Ligue et de toute polémique agressive pouvant jeter la désunion dans le parti républicain.

Art. 5.

RESSOURCES DE LA LIGUE ET LEUR EMPLOI

Les ressources de la Ligue républicaine se composent :

1° Des cotisations dont il a été parlé à l'article ci-dessus. Les adhérents peuvent, s'ils le préfèrent, acquitter leur cotisation par un versement de 10 centimes par mois ;

2° De souscriptions proportionnées à la situation de fortune de chacun, que les membres de la Ligue républicaine sont priés de verser annuellement au trésorier de leur circonscription en sus de la cotisation minima de 1 fr. 20 ;

3° Du produit des conférences, collectes, ventes de brochures et de journaux faites au profit de la Ligue ;

4° Des dons et legs.

Ces ressources sont recueillies par les soins des comités communaux ou cantonaux et partagées par moitié entre eux et le Comité central d'arrondissement.

Elles sont destinées à couvrir :

1° Les frais de toute nature que nécessitent l'organisation et l'action permanente de la Ligue ;

2° Les frais d'élections politiques, impression et distribution de publications, circulaires et bulletins de vote, collage d'affiches, etc. ;

3° La publication, si les ressources le permettent, d'un bulletin mensuel ou d'un journal hebdomadaire à 5 centimes destiné à lutter contre les organes de la réaction.

Art. 6.

ORGANISATION DE LA PROPAGANDE

Une assemblée plénière de tous les membres de la Ligue, réunie tous les ans au chef-lieu d'arrondissement, élit un comité central exécutif chargé d'assurer l'action permanente de la Ligue républicaine dans toute la circonscription, tant sous le rapport de la Propagande à faire que de la protection efficace à exercer incessamment au profit de ses adhérents.

A cet effet, le Comité central désigne dans chaque commune un ou plusieurs correspondants chargés de le renseigner sur tout ce qui intéresse la prospérité de l'association et le succès des idées républicaines.

Le Comité central provoque en outre la formation, dans chaque canton, d'un comité élu pour la même durée que lui par tous les adhérents du canton.

Le nombre des membres de chacun de ces comités, ainsi que

leur mode d'élection, est fixé par l'assemblée plénière qui les nomme.

Les comités de canton ont particulièrement pour mission de provoquer les a dhésions à la Ligue républicaine, de recueillir les souscriptions et cotisations, d'organiser des bibliothèques, lectures, conférences, réunions patriotiques propres à faire connaître et aimer les institutions républicaines.

Ils se tiennent en communication constante avec le Comité central.

(Les articles suivants sont relatifs à l'organisation du Congrès électoral en temps d'élection. Nous les supprimons ici, ne voulant pas confondre l'œuvre de propagande proprement dite avec l'action électorale spéciale.)

V

ORGANISATION

DE

L'ALLIANCE RÉPUBLICAINE

DU DÉPARTEMENT DE E.

STATUTS

Article premier.

Il est formé, pour le département de E, une Société politique républicaine ayant pour titre l'*Alliance républicaine de E* (1), dont le siège est à... (2)

Art. 2.

L'*Alliance républicaine* est formée par l'association des *sections cantonales*, constituées dans chaque canton par la réunion des républicains adhérents aux présents statuts.

Art. 3.

La SECTION CANTONALE est formée de tous les adhérents des diverses communes du canton admis suivant les formalités prescrites ci-dessous.

(1) Nom du département.
(2) Nom du chef-lieu.

Chaque *section cantonale* nomme son bureau composé d'un président, de deux vice-présidents, d'un secrétaire et d'un trésorier, nommés pour un an et rééligibles.

Elle nomme aussi deux délégués et leurs suppléants du canton, qui doivent faire partie du *conseil général de direction et d'administration* de l'*Alliance républicaine*. Ces délégués, nommés aussi pour un an et rééligibles, peuvent être choisis parmi les sociétaires de tout autre canton.

Chaque *section cantonale* se réunit en assemblée générale une fois par trimestre au moins, pour statuer sur les demandes en admission et sur toutes autres affaires en suspens.

Art. 4.

La Société a pour objet la diffusion et la défense des principes de la République démocratique et progressiste.

Elle poursuit son œuvre par la distribution de brochures et de journaux politiques et économiques, au moyen de conférences et par des subventions en faveur des œuvres et des candidatures républicaines.

Art. 5.

La Société l'*Alliance républicaine* est dirigée et administrée par un conseil général composé de deux délégués de chaque section cantonale, soit de 58 membres en totalité.

Le *conseil général de direction et d'administration* se réunit au moins une fois par semestre. La présence de quinze de ses membres suffit pour la validité de ses délibérations. Il nomme son bureau, dont les membres devront être choisis, autant que possible, parmi les délégués des divers arrondissements. Il règle la marche générale de la Société et résout les questions litigieuses qui se produiraient au sein des sections cantonales ou autres.

Il délègue ses pouvoirs, pour l'exécution de ses décisions et délibérations et pour assurer le fonctionnement de la Société, au bureau de la section cantonale du chef-lieu du département, considérée comme *commission exécutive*.

Art. 6.

En dehors des dispositions spéciales prévues à l'article 9 pour les membres fondateurs, il faut, pour faire partie de la Société, présenter une demande écrite portant adhésion aux présents statuts, être patronné par deux membres titulaires de la *section cantonale*, et être admis par celle-ci, au scrutin secret et à la majorité des membres présents.

Les demandes en radiation doivent, pour être admises, être prononcées par le conseil de direction et d'administration de la Société.

Art. 7.

Tout membre paye une cotisation minima de 0,75 centimes par trimestre et d'avance, soit 3 francs par an, à la Société. La moitié de cette cotisation est reversée par le trésorier de la *commission exécutive* au trésorier de la section cantonale dont le sociétaire fait partie. Les cotisations supérieures seront acceptées avec reconnaissance, et la répartition en sera faite entre l'*Alliance républicaine* et la section cantonale, selon les désirs du membre souscripteur, mais sans qu'en aucun cas la part spéciale de la section et celle de la Société puissent être inférieures à 1 fr. 50.

Chaque section cantonale règle la dépense des fonds dont elle dispose, à sa convenance, en vue de la propagande républicaine ou en faveur des œuvres et des candidatures républicaines.

Le *conseil général d'administration et de direction* décide des moyens de propagande à appliquer dans tout le département; dresse, en dehors des budgets des sections de canton, le budget des dépenses, frais généraux, logement, etc., qui s'y rapportent et dont le produit des cotisations forme la principale ressource. Il présente, à la fin de chaque année, le compte moral et financier de la Société.

Toute année commencée est due en totalité à partir du 1er janvier. Les démissions ne peuvent donc prendre date qu'au 31 décembre de l'année où elles ont été données.

Art. 8.

En cas de dissolution de la Société, les fonds restés sans emploi seraient reversés au *prorata* des versements de leurs sociétaires, aux sections cantonales qui en feraient l'usage qu'elles jugeraient utile.

En cas de dissolution d'une section cantonale, les fonds restant dans sa caisse devraient être reversés à la caisse générale de la Société.

VI

RÈGLEMENT

DE LA

SOCIÉTÉ DE PROPAGANDE RÉPUBLICAINE

DU DÉPARTEMENT DE F.

Article premier.

Il est formé dans le département de F... une Société de propagande républicaine, destinée à répandre l'idée républicaine dans ce département par le moyen de brochures, livres, journaux, réunions et conférences publiques et privées.

Art. 2.

Sont membres de la Société toutes les personnes qui s'engagent à verser une cotisation annuelle d'au moins deux francs cinquante. Les sociétaires peuvent être membres fondateurs moyennant le versement d'une somme d'au moins dix francs.

Art. 3.

La Société est constituée au moyen de comités cantonaux reliés entre eux par un Comité central.

Art. 4.

Les comités cantonaux se composent de tous les adhérents du canton. Ceux-ci, réunis au chef-lieu du canton en assemblée générale annuelle, élisent un bureau, composé d'un nombre de membres double de celui des communes du canton, chaque commune devant avoir au bureau un représentant au moins.

Le bureau désignera parmi ses membres un président, un ou deux vice-présidents, un ou deux secrétaires et un trésorier.

Les comités cantonaux du chef-lieu fixeront eux-mêmes l'organisation de leurs bureaux.

Art. 5.

Les sociétaires de la même commune devront, autant que possible, se former en comités communaux, appelés comités auxiliaires et organisés en vue de la propagande dans la commune.

Art. 6.

Le Comité central se compose de quatre-vingt-seize délégués élus pour un an, à raison de deux par chacun des quarante-huit comités cantonaux. Il se constitue lui-même à sa première réunion.

C'est lui qui organise les moyens généraux de propagande, sans préjudice de l'initiative et de l'action directe des comités cantonaux ou des comités auxiliaires.

Art. 7.

Les adhésions sont reçues et inscrites par le bureau de chaque comité cantonal.

Les cotisations sont recueillies par le trésorier de chaque canton, qui en retient la moitié pour la caisse de propagande du canton, et remet l'autre moitié au trésorier du Comité central.

Art. 8.

Il ne pourra être apporté de modifications au présent règlement que si elles sont votées par les trois quarts des membres du Comité central.

VII

ALLIANCE DES RÉPUBLICAINS

DU DÉPARTEMENT DE G.

1° ENTRE LES SOUSSIGNÉS et ceux qui adhèreront aux présents statuts, il est formé une Société ayant pour but:

I. L'organisation de Conférences dans le département de G;

II. La publication et la vente d'un Bulletin périodique, reproduisant le compte rendu des Conférences et pouvant publier d'autres travaux littéraires, économiques ou politiques, notamment en vue du Centenaire de 1789.

2° La Société aura le titre de: *Alliance des Républicains de G.*

3° La durée de la Société est fixée à cinq années à dater du 1er janvier 1886. Cette durée pourra être prorogée par décision du Conseil central prise à la majorité des voix.

4° La Société ne sera point dissoute par la mort de l'un des Associés, mais continuera de plein droit entre les associés survivants;

5° Les adhérents aux présents statuts, qui désireront faire partie de la Société, présenteront leur demande à l'un des administrateurs. Ils ne seront admis qu'avec le consentement des Associés. Ce consentement sera valablement donné, au nom des Associés, par le Conseil d'administration à qui la demande d'admission aura été adressée. Ce Conseil, prononçant à la majorité des voix, reçoit, à cet effet, mandat exprès de chacun des Associés.

6° Les Associés s'engagent à verser à la caisse sociale une somme de 30 centimes par mois, soit 3 fr. 60 c. par an, payable d'avance, par moitié tous les six mois.

Ces versements constituent le fonds social destiné à assurer le fonctionnement matériel des Conférences et la publication du Bulletin périodique de la Société.

Les Associés auront le droit d'assister à toutes les Conférences données par les soins de la Société, et recevront gratuitement le Bulletin périodique de la Société.

ADMINISTRATION

7° La Société est administrée par un Conseil central et des Conseils locaux, suivant les besoins de ses opérations. Ces Conseils sont nommés pour un an et rééligibles.

8° Le Conseil central peut prendre à son service un Secrétaire rétribué sur les fonds de la Société, si besoin est.

Il dirige la publication du Bulletin périodique, dont le prix de vente est fixé à 5 centimes le numéro, et prête son concours aux Conseils locaux pour l'organisation des Conférences et tous les besoins de la Société.

Il gère le fonds social avec le concours des Conseils locaux.

9° Il y a, au chef-lieu de chaque arrondissement, un Conseil local d'arrondissement.

Ce Conseil administre la part du fonds social qui lui est confiée et prend les mesures nécessaires pour l'organisation des Conférences dans l'arrondissement.

Il prête son concours au Conseil central et aux Conseils cantonaux ou locaux pour tous les besoins de la Société.

10° Il y a, dans chaque canton où les associés y résidant le jugent nécessaire, un Conseil local de canton.

Ce Conseil administre la part du fonds social qui lui est confiée et prête son concours aux autres Conseils d'administration de la Société pour tous les besoins de ses opérations.

11° Le Conseil central est composé de membres nommés par les trois Conseils d'arrondissement proportionnellement à leur importance.

Le nombre des membres de ce Conseil pourra être augmenté (ou diminué) par *la majorité des membres des trois Conseils d'arrondissement*, mais en observant la même proportion par arrondissement.

Les trois présidents des Conseils d'arrondissement font de droit partie du Conseil central et y remplissent les fonctions de vice- présidents.

Ce Conseil choisit dans son sein un président, trois vice-présidents, dont un pour chaque arrondissement, un secrétaire et un trésorier.

12° Les Conseils d'arrondissement sont composés de membres désignés dans une réunion générale, au chef-lieu de canton, par les associés résidant dans chaque canton de l'arrondissement, et cela à raison d'un membre par 25 associés ou fraction de 25.

Ces Conseils choisissent dans leur sein un président, deux vice-présidents, un secrétaire et un trésorier.

13° Les Conseils de canton se composent de membres désignés par les associés résidant dans chaque commune du canton, à raison d'un par 10 associés ou fraction de 10 associés.

Ils désignent parmi eux un président, un secrétaire et un trésorier.

14° Les Associés résidant dans chaque commune se constituent en un ou plusieurs conseils locaux qui nomment parmi leurs membres chacun un président et un secrétaire-trésorier.

Les Associés résidant dans une commune, réunis en assemblée générale, décident à la majorité s'il y a lieu pour eux de se constituer en un ou plusieurs Conseils locaux.

FONDS SOCIAL.

15° La cotisation prévue à l'article 6 pour former le fonds social est recueillie par les soins des Conseils locaux de chaque commune.

Sur cette cotisation, 70 0/0 sont transmis par les soins du trésorier de ces Conseils au Conseil central ; 15 0/0 sont transmis au Conseil d'arrondissement et le surplus est partagé entre les Conseils de canton, lorsqu'il y en a, et les Conseils locaux de commune dans la proportion fixée par décision du Conseil de canton.

Dans les autres cantons où il n'existe pas de Conseil de canton, la part attribuée au Conseil d'arrondissement sera de 20 0/0 de la cotisation, et le Conseil de commune conservera le surplus, soit

10 0/0, pour faire face aux besoins locaux des opérations de la Société.

16° Les dépenses étant payées, le surplus des cotisations et les bénéfices sont constitués en fonds de réserve et déposés dans une banque par le trésorier du Conseil central de la Société.

Ce fonds de réserve ne peut être employé qu'en vertu d'une décision du Conseil central.

17° Les Associés ne sont pas tenus solidairement des dettes sociales et ils ne seront pas tenus au delà de leur mise, même envers les tiers à qui cette clause devra être communiquée sous leur responsabilité personnelle par les associés contractants au nom de la Société.

18° Tous les ans, le Conseil central vérifie les comptes généraux de la Société et dresse un état détaillé des recettes et dépenses qui sera publié dans le Bulletin périodique de la Société.

19° Le Conseil central a pleins pouvoirs pour rayer des cadres de la Société les membres qui refuseraient le payement de la cotisation.

DISPOSITION TRANSITOIRE.

20° La Société sera administrée par les soussignés qui prennent l'initiative de sa fondation jusqu'au jour où le nombre des Associés permettra la constitution d'un Conseil central, conformément aux dispositions de l'article 11.

VIII

SOCIÉTÉ

DU

CENTENAIRE

DE LA

RÉVOLUTION FRANÇAISE

STATUTS

Article premier.

Entre tous ceux qui adhèrent ou qui adhèreront aux présents statuts, il est formé une Société.

Art. 2.

Cette Société prend le nom de Société du Centenaire.

Art. 3.

Sa durée est fixée à quatre années.

Art. 4.

Elle a pour but :

1° De répandre, par tous les moyens, le culte des traditions et des idées de la Révolution française, en favorisant l'étude de son histoire ;

2° De remplacer l'imagerie banale contemporaine par des images ou des gravures patriotiques; de reprendre la tradition des Fêtes nationales et républicaines;

3° De faciliter à toutes les Sociétés d'instruction, à tous les cercles populaires l'abonnement aux publications consacrées à la Révolution française;

4° De préparer, dans toute l'étendue du département de H..., la célébration du Centenaire de 1789.

Art. 5.

Le siège de la Société sera établi à... (1); des sous-comités seront créés dans les communes du département.

Art. 6.

Les finances de la Société sont alimentées :

1° Par des dons volontaires;
2° Par le produit des cotisations individuelles ou collectives;
3° Par le produit des quêtes organisées par la Société;
4° Par les recettes de conférences, concerts, etc.

Art. 7.

La cotisation ne peut être moindre d'un franc par an.

Art. 8.

La Société est administrée par un Conseil d'administration composé de :

Un président ;
Deux vice-présidents ;
Un secrétaire ;
Un secrétaire adjoint ;

(1) Nom du chef-lieu.

Un trésorier ;
Un trésorier adjoint ;
Un archiviste ;
Douze commissaires.

Art. 9.

Le Conseil d'administration sera nommé en Assemblée générale pour quatre ans.

Art. 10.

Chaque année, le Conseil d'administration convoquera, par la voie de la presse républicaine, une Assemblée générale où il sera rendu compte des travaux de la Société.

Art. 11.

En cas de décès ou de démission, l'Assemblée générale procédera à des élections complémentaires.

TABLE DES MATIÈRES

Paris. —. A. QUANTIN, imprimeur de la Chambre des Députés.

www.ingramcontent.com/pod-product-compliance
Lightning Source LLC
LaVergne TN
LVHW012059030726
842523LV00002B/619